AF275574

EL RING

O RING

Yolanda López

COLECCIÓN ITES

EL RING
O RING

© Yolanda López López
© Prólogo: Mila Villanueva
© Traducción: Yolanda López
© de esta edición: Olé Libros, 2025

ISBN: 979-13-87951-17-7
Depósito legal: V-4359-2025
Impreso en España

No se permite la reproducción total o parcial de este libro, ni su incorporación a un sistema informático, ni su transmisión en cualquier forma o por cualquier medio, sea este electrónico, mecánico, por fotocopia, por grabación u otros métodos, sin el permiso previo y por escrito del editor. La infracción de los derechos mencionados puede ser constitutiva de delito contra la propiedad intelectual (Arts. 270 y siguientes del Código Penal). Las solicitudes para la obtención de dicha autorización total o parcial deben dirigirse a CEDRO (Centro Español de Derechos Reprográficos).

KALOSINI, S. L.
Grupo editorial olélibros
equipo@olelibros.com
www.olelibros.com

Ambos conocemos el juego y está claro que no es pugilismo.
DE LA PELÍCULA *CINDERELLA MAN.*
EL HOMBRE QUE NO SE DEJÓ TUMBAR

En ajedrez,
el vencedor es quien hace la siguiente jugada al último error.
GM S. TARTAKOWER

Float like a butterfly,
sting like a bee.
MUHAMMAD ALI

Elixo ser río
río de sangue
entre estas escarpadas
rexións da dor
aquí onde ningún poder
ousaría entrar
EVA VEIGA

Out of love you can speak with straight fury.
EUDORA WELTY

Tamén sei dunha violencia de silencio
en serpe oculta de maligno
que maldigo
XELA ARIAS

El cuadrilátero interior: danza poética entre caos y luz

Este poemario de Yolanda López, con el impactante título *El ring*, está compuesto por diecisiete asaltos y un desempate, utilizando el boxeo e incluso el ajedrez como metáforas fundamentales. Como bien indica la autora, el número diecisiete está relacionado en algunas culturas con la tragedia y la desgracia. Por ello, los «asaltos» no son solo episodios del combate físico, sino momentos de crisis, revelación, resiliencia y transformación, en los que el ego del boxeador —y del lector— se ve llevado hacia el autoconocimiento. Está encabezado por varias citas de grandes figuras, como Tartakover, Eva Veiga, Muhammad Ali, Eudora Welty o Xela Arias, que ya nos preparan y nos ponen en antecedentes del tema de la obra, aunque en toda ella hay un discurrir de autores citados o nombrados, como Pessoa, Emily Brontë, Alfonsina Storni, Baudelaire o Chéjov, entre otros.

Yolanda construye una auténtica poética del conflicto, un espacio donde el lenguaje se convierte en campo de batalla y redención. Esta tensión entre combate y arte recuerda a Roberto Juarroz, quien escribió: «La poesía es un acto de equilibrio sobre el abismo». Como en Juarroz, también en Yolanda hay un tanteo constante en la penumbra, un deseo de arrojar luz sin negar la sombra.

Su lírica, intensa y sensorial, compone una secuencia que atraviesa el dolor, la violencia (física, emocional, simbólica) y la resistencia, con una voz poética cargada de imágenes táctiles: *balas, cuchillos, disparos, grietas...* Son palabras que hieren, que sangran, que golpean.

Los asaltos se presentan como una cartografía feroz del ser en crisis, en lucha, en mutación. Cada poema, titulado con la potencia de un golpe —el «asalto» como ronda de combate, pero también como irrupción—, constituye un episodio en el que el yo poético se fragmenta y se regenera frente a una realidad tanto externa como íntima. Estos textos no son meras exploraciones emocionales: son actos performativos de entereza y afirmación.

El conjunto del libro es simbólicamente complejo. Une la corporalidad con el pensamiento abstracto, la violencia con el arte, lo fragmentado con la voluntad de reconstrucción. Su lenguaje elíptico y transgresor lo inscribe dentro de una tradición contemporánea de poesía existencial y crítica, al tiempo que mantiene una voz propia: firme, sudorosa, lúcida.

Hay un lenguaje orgánico: todo es carne, latido, pulmón, sien, sangre, raíz, pisada. Los sonidos, como «pum pum», funcionan como pulsos narrativos, marcando un ritmo casi cardíaco que acompaña al lector. El «puño» no aparece solo como violencia, sino también como símbolo de fuerza comprimida, de impulso vital contenido.

A lo largo del poemario, las metáforas son poderosas y complejas, una combinación de lo salvaje, lo oceánico y lo herido. El juego entre belleza natural y amenaza constante genera un efecto paradójico e inquietante.

A veces, en un mismo poema, conviven lo astral, lo musical, lo corporal y lo espiritual. En el número VI, «La caída», por ejemplo, la musicalidad interna es especialmente eficaz.

Los asaltos del VIII al XI consolidan una poética visceral, cargada de símbolos, cuerpo y sonido. Lo que comenzó como enfrentamiento se va transformando en un ritual de mutación y belleza. El poema XI, «La lona», es una sinfonía en forma de danza salvaje y barroca, con una alta carga *performática*. Es quizá el poema más teatral del conjunto, un himno a la feminidad desgarrada, al cuerpo mutante, a la inspiración desbordada.

En el asalto IX, «El tabique», se da el texto más conceptual, con referencias directas a Luísa Villalta y un tono más abiertamente político y existencial. Los versos iniciales, «El hacha hundió su lengua / en la ternura maquiavélica», son de los más potentes de toda la obra. El uso del *galego* en la cita inicial le da un marco cultural sólido y una sonoridad distintiva que fortalece el poema; al igual que el uso de anglicismos, que contribuye al enriquecimiento de toda la obra.

El uso constante del paréntesis, las rupturas tipográficas y la tensión entre versos largos y cortos crean una voz poética itinerante entre lo vulnerable y lo fiero. Este recurso nos remite a poetas como Alejandra Pizarnik, que también disloca el lenguaje para expresar la fractura del ser: «Hablo como en un sueño / y en el sueño / no hay nadie».

En el asalto XII, «Crochet», encontramos otra imagen poderosa: atravesar un espejo indemne, metáfora del enfrentamiento con el yo doliente. El espejo (símbolo clásico de introspección) se vuelve aquí superficie hostil. La voz poética se comporta como boxeadora y modista a la vez: dos oficios opuestos (destrucción/reparación) que se reconcilian en la fuerza creadora del poema.

En «El contragolpe» (asalto XIII), se amplifica el símbolo de la oscuridad como génesis. La cita de Corita Kent es un pórtico perfecto: de la sombra germina lo vital. La invención lingüística *met(amor)fosis* condensa en una sola palabra transformación, amor, identidad fluida y deseo. Es una joya verbal de gran eficacia poética.

En el asalto XIV, «Animal de tiro», el lenguaje mismo parece amenazado: «el dolor agota consonantes tabú», mientras los árboles disparan «balas circulares». La naturaleza también se vuelve enemiga. El poema cierra con una secuencia casi cinematográfica: «Revienta [...]. Agrieta. Seduce. Gruñe.», que marca un clímax de tensión y caída.

El asalto XV, «Funambulista», expresa un renacimiento potente, casi telúrico, desde una oscuridad simbólica (murciélagos, ocaso) hacia una forma de fuerza vital indestructible. En el XVI, «Ajedrez», descubrimos un combate entre el ser interior y un mundo simbólicamente patriarcal, opresor y destructivo; y un poema más breve pero no por eso menos potente es «Punto de fuga» (asalto XVII y último), en el que se mezclan metáforas de boxeo, buceo y arte como actos de supervivencia creativa.

El último poema, «El desempate», se articula en una cronología ascendente (de las 23:45 a las 24:00), marcando una progresión de estados de conciencia, como si de un último *round* se tratara. La voz poética atraviesa fases de agotamiento, lucidez, furia, desdoblamiento e intuición. Esta estrategia temporal recuerda a Vallejo (*Poemas humanos*), en quien el tiempo se funde con la conciencia del dolor, o a Sylvia Plath (*Ariel*), en la que las horas miden el desgaste emocional y físico.

Aquí hay una poesía *performativa*, escrita con el gesto del puño y la aguja: una lírica de combate y sutura. Lo político se entremezcla con lo íntimo, lo corporal con lo metafísico, en un acto poético que no se contenta con la belleza: exige transformación.

Este conjunto de poemas reunidos bajo el título *El ring* no busca calmar. Invita a leer con el cuerpo, a habitar el lenguaje desde sus grietas. Nos muestra que la belleza puede ser brutal, y que en el centro mismo del caos puede nacer una flor.

Como dice el asalto XIII: una flor que crece en el fondo del agujero negro. La poesía, aquí, es ese salto en la oscuridad que se vuelve resplandor.

Hay que tener también en cuenta la voz del árbitro en el comienzo:

(Cuando el dolor golpea
en una vena rebelde,
dispara versos ralentizados
a mil por hora).

Porque «cuando el dolor golpea», no lo hace por rutina, lo hace en una «vena rebelde», donde la sangre no se resigna ni firma armisticios.

Y, por supuesto, la voz de la jueza al final.

(Inmunizada en el silencio
de mí misma,
hacia la fortaleza
de lo que los golpes
dejaron atrás).

El poema no glorifica el dolor, pero tampoco lo niega: lo acepta como parte de una transformación. Una especie de arqueología emocional, donde se construye una «fortaleza» a partir del daño, no para olvidarlo, sino para habitarlo con otra mirada.

Muchas gracias, Yolanda, por abrirnos con tus versos senderos de luminosidad, cambio y renovación, porque todos libramos una batalla en nuestro propio «ring».

Mila Villanueva

Cuatro de los poemas de este libro en su versión en gallego recibieron el segundo premio en el XIII Certamen de Poesía Manuel Leiras Pulpeiro convocado por el Ayuntamiento de Mondoñedo (Lugo) en 2024.

El poema «El tabique» (Asalto IX) en su versión en castellano bajo el título «El muro» recibió el tercer premio del 44 ° Certamen Internacional de Poesía Plaza de los Poetas José Pedroni de Acebal, Santa Fe, Argentina en 2025.

El poema «La lona» (Asalto XI) en su versión en gallego bajo el título «Cisne negro» recibió el segundo premio del VIII Certamen de Dibujo y Poesía Avelino Díaz de Riotorto y Meira (Lugo) en 2025.

Catro dos poemas deste libro na súa versión en galego recibiron o segundo premio no XIII Certame de Poesía Manuel Leiras Pulpeiro convocado polo Concello de Mondoñedo (Lugo) en 2024.

O poema «El tabique» (Asalto IX) na súa versión en castelán baixo o título «El muro» recibiu o terceiro premio do 44 ° Certame Internacional de Poesía Plaza dos Poetas José Pedroni de Acebal, Santa Fe, Arxentina en 2025.

O poema «A lona» (Asalto XI) na súa versión en galego baixo o título «Cisne negro» recibiu o segundo premio do VIII Certame de Debuxo e Poesía Avelino Díaz de Riotorto e Meira (Lugo) en 2025.

Árbitro:
(Cuando el dolor golpea
en una vena rebelde,
dispara versos ralentizados
a mil por hora).

Árbitro:
(Cando a dor golpea
nunha vea rebelde,
dispara versos retardados
a mil por hora).

ASALTO I

EL LOCUTOR

El salitre quema
batiendo
en la herida mortal.
El silencio del cérvido
se sumerge
en la sangre inocente
vengándose del ruido,
salpicadura barrida
en el grito inútil.
Asta contra puño.
El latido ondeando histeria
en la pelea interminable.
No puede ser bondadoso
un cuerpo
acribillado a balazos
cuando la bala
no tiene rostro de ángel.

Asalto i

O locutor

O salitre queima
batendo
na ferida mortal.
O silencio do cérvido
mergúllase
no sangue inocente
vingándose do ruído,
o batuxar varrido
no bramido inútil.
Hasta contra puño.
O latexo ondeando histeria
na pelexa interminábel.
Non pode ser bondadoso
un corpo
cribado a balazos
cando a bala
no ten rostro de anxo.

Asalto ii

La bota

Camino sobre pedazos
de molusco y estío.
Mis pies *descalzos* son marfil
ondeando algas saladas.
El verde de sus entrañas
tiñe las extremidades
de velocidad intermitente.
Respiración que se adueña
del pulso oculto brotando
como raíz hecha rama,
como una pisada en su festín.
Pum pum.
Pum pum.
Pum pum...
Vagar hacia atrás
con la ceguera en alta estima.

Asalto ii

A bota

Camiño sobre pedazos
de molusco e estío.
Os meus pés *descalzos* son marfil
flutuando argazo salgado.
O verde das súas entrañas
tingue as extremidades
de velocidade intermitente.
Respiración que se apropia
do pulso oculto abrollando
como raíz feita ramaxe,
coma unha pegada no seu festín.
Pum pum.
Pum pum.
Pum pum...
Vagar cara atrás
coa cegueira en alta estima.

Asalto III

La cuerda

La grieta del dolor atravesando.
El cuchillo invisible.
Respiro dividida.
(Micro)porciones que van cayendo
en el pozo de la devastación.
La lentitud atroz gritando
en el pulmón de la ira subversiva.
La resiliencia *empoderada*
boxeando en el cuadrilátero
de la mentira ilusa.
No hay afecto que acaricie
mi piel hambrienta:
esquivo de sí
en la huida del (des)orden.
Esquiva de mí contra la pared.
Es la ceguera clandestina,
el deseo reprimido
contra el espejo inquebrantable.
Las voces que llaman en silencio,
el silencio en el canto
del raciocinio rebelde.

Asalto III

A corda

A fenda da dor atravesando.
O coitelo invisíbel.
Respiro dividida.
(Micro)porcións que van caendo
no pozo da devastación.
A lentitude atroz gritando
no pulmón da ira subversiva.
A resiliencia *empoderada*
boxeando no cuadrilátero
da mentira ilusa.
Non hai afecto que agarime
a miña pel famenta:
esquivo de sí
na fuxida da (des)orde.
Esquiva de min contra a parede.
É a cegueira clandestina,
o desexo reprimido
contra o espello inquebrantábel.
As voces que chaman en silencio,
o silencio no canto
do raciocinio rebelde.

Es el vacío del amor
navegando en la constelación
de la (auto)protección.
Es el miedo a ser disparado
en la sien efímera del ego,
el miedo a reventar por dentro
hasta esfumarse astro mutante,
la confluencia de líquidos
convertida en polvo de estrellas...
Esa cadena que palpita
y no nos atrevemos a soltar.

É o baleiro do amor
navegando na constelación
da (auto)protección.
É o medo a ser disparado
na sen efémera do ego,
o medo a rebentar por dentro
até esvaecer astro mutante,
a confluencia de líquidos
convertida en po de estrelas...
Esa cadea que palpita
e non nos atrevemos a soltar.

Asalto IV

El saco

La indiferencia fingida.
La evasión en la mirada.
La insistencia en el pálpito escurridizo.
El roce que no llega y abra(z)(s)a.
Lo que buscamos en la huida inevitable.
El pensamiento (des)controlado.
Lo que llena y vacía.
Lo que hiere y cura.
Lo que tú en mí.
Lo que yo en ti
sin salir de nosotros
hacia el saco que perforamos.
El miedo en la valentía.
El temblor bárbaro.
La taquicardia.
El viaje trasgresor.
La libertad. La química oculta.
Atizar la incertidumbre.
Lo que aún
(des)conocemos del amor.

Asalto IV

O saco

A indiferenza finxida.
A evasión na ollada.
A insistencia na pulsación esvarando.
A fricción que non chega e abra(z)(s)a.
O que buscamos na fuxida inevitábel.
O pensamento (des)controlado.
O que enche e baleira.
O que fere e cura.
O que ti en min.
O que eu en ti
sen saír de nós
cara o saco que perforamos.
O medo na valentía.
O tremor bárbaro.
A taquicardia.
A viaxe trasgresora.
A liberdade. A química oculta.
Atizar na incerteza.
O que aínda
(des)coñecemos do amor.

Asalto v

El guante

Peleo
como una fiera en la penumbra,
puños en alto.
Golpeo con la gota del desconsuelo:
coquilla de hierro,
resiliencia,
lucha libre.
Soy yo
a través de mis pulmones invertebrados:
oruga hilvanando
con la aguja
de identidades orfebres.

Asalto v

A luva

Loito
feraz e brava na penumbra,
puños en alto.
Golpeo coa pinga do desconsolo:
coquilla de ferro,
resiliencia,
loita libre.
Son eu
a través dos meus pulmóns invertebrados:
eiruga ganduxando
coa agulla
de identidades ourives.

ASALTO VI

LA CAÍDA

Salto al vacío innato
sobre el espesor de la hierba
que hiere el alma.
Y el vacío se revuelve
hacia la cueva dócil.
Las espinas pinchan
melancolía azul.
Salto hacia senderos
que enseñan colmillos
de luz difuminada,
escalada en la gravedad
de mi desorden,
peldaños invisibles
traspasando
músicas videntes,
pentagramas que cantan vida.
Las perseidas persiguen
la velocidad neuronal
del pensamiento púgil.
Salto al vacío.
Salto a la noche.
En caída libre.
Efervescencia al despertar.

Asalto vi

A caída

Salto ao baleiro innato
sobre o espesor da herba
que fere a alma.
E o baleiro revólvese
cara a cova dócil.
As espiñas pinchan
melancolía azul.
Salto cara sendas
que amosan cairos
de luz atenuada,
escalada na gravidade
do meu caos,
banzos invisíbeis
traspasando
músicas videntes,
pentagramas que cantan vida.
As perseidas perseguen
a velocidade neuronal
do pensamento púxil.
Salto ao baleiro.
Salto á noite.
En caída libre.
Efervescencia ao espertar.

Asalto VII

Sparring

Hoy,
el dragón perdió sus escamas mojadas.
Cayeron una a una,
porque el fuego quemó mis poros
cruzando tierras y volcanes.
Hoy,
el corcel ya no cabalga estatuas,
ni mares, ni vientos
donde el cisne blanco
devore la destreza de saberte.
Hoy,
el zorro gatuno engulló mi cuerpo
de sauce en primavera,
porque las flores no desvisten más
sus pétalos dolientes,
porque el océano llamó a las puertas
del temblor virulento,
de la pena aislada por la sombra lacrimógena.
Hoy las manos lloran, deliran,
se atragantan, se hunden en los dedos,
en la caída hacia el vacío negro
de tanto ver el firmamento inoportuno.

Asalto VII

Sparring

Hoxe,
o dragón perdeu as súas escamas molladas.
Caeron unha a unha,
porque o lume queimou os meus poros
atravesando terras e volcáns.
Hoxe,
o corcel xa non galloupa estatuas,
nin mares, nin ventos
onde o cisne branco
devore a destreza de saberte.
Hoxe,
o zorro felino enguliu o meu corpo
de salgueiro en primavera,
porque as flores non desvisten máis
os seus pétalos doentes,
porque o océano chamou ás portas
do tremor virulento,
da pena illada pola sombra lacrimóxena.
Hoxe as mans choran, deliran,
afogan, afunden nos dedos,
na caída cara o baleiro negro
de tanto ver o firmamento inoportuno.

Ayer,
caminaba en el eco de la luna,
hacia el futuro distante atrapándome
con el rugir de las bestias.
Mañana,
alcanzaré la fuerza de lo invisible
para no volver atrás.
Coger las puertas olvidadas, los espejos.
Coger vida en el horizonte
del aliento malherido.
La mutación
huyendo
por el río bipolar
de estrellas invidentes.

Onte,
camiñaba no eco da lúa,
cara o futuro distante atrapándome
co ruxir das bestas.
Mañá,
acadarei a forza do invisíbel
para non volver atrás.
Coller as portas esquecidas, os espellos.
Coller vida no horizonte
do alento malferido.
A mutación
fuxindo
polo río bipolar
de estrelas invidentes.

Asalto viii

El puño

Me vuelvo agua en la memoria,
el reflejo de una noria
en el horizonte cómplice,
el nudo del desconcierto.
Floto indómita
entre la lluvia anfibia.
Nado a contracorriente,
un pez alado en el combate,
en la tormenta revolucionaria.
Soy el grumete de la tristeza,
un nido que huye
hacia el ave menguante.
La luna desciende quimeras
por la catarata estrellada
de la vía láctea.
Me ilumino
hacia el interior
de células múltiples.
Me apago
hacia el exterior
de la atmósfera.
El pestañeo instantáneo.
El desmayo íntegro.
La muerte súbita.
El rayo consternado.
El hundimiento.
La empuñadura...

Asalto VIII

O puño

Vólvome auga na memoria,
o reflexo dunha noria
no horizonte cómplice,
o nó do desconcerto.
Aboio indómita
entre a chuvia anfibia.
Nado a contracorrente,
un peixe alado no combate,
na treboada revolucionaria.
Son o grumete da tristeza,
un niño que fuxe
cara a ave minguante.
A lúa descende quimeras
pola fervenza estrelada
da vía láctea.
Aluméome
cara o interior
de células múltiples.
Languidezo
cara o exterior
da atmósfera.
O pestanexar instantáneo.
O esvaecemento íntegro.
A morte súbita.
O raio consternado.
O afundimento.
A empuñadura...

Asalto ix

El tabique

O día está por todas partes negociando a fame, a ira, o excremento.
Un muro que ninguén se atreverá a saltar.

Luísa Villalta, *Ruído*

El hacha hundió su lengua
en la ternura maquiavélica,
como un cristal clavando
la punta afilada
en la arteria aorta del desorden.
Sacudo la bandera blanca
en la entrepierna
de nuestro víacrucis.
Erótica llave.
Errático viaje.
Hay una melodía en la que
Sarpatta eclipsa mi pulso,
como un gigante en celo
orquestando el dolor ingrato...
Regreso burbuja a la almohada
que un día tejí
con el hilo de mis labios.

Asalto ix

O tabique

O día está por todas partes negociando a fame, a ira, o excremento.
Un muro que ninguén se atreverá a saltar.

LUÍSA VILLALTA, *RUÍDO*

O machado fundiu a súa lingua
na tenrura maquiavélica,
coma un cristal cravando
a punta afiada
na arteria aorta da desorde.
Sacudo a bandeira branca
na entreperna
do noso víacrucis.
Erótica chave.
Errática viaxe.
Hai unha melodía na que
Sarpatta eclipsa o meu latexo,
coma un xigante en celo
orquestrando a dor ingrata...
Regreso burbulla á almofada
que un día tecín
co fío dos meus beizos.

Abro la espina dorsal
del sueño.
Me (de)construyo
en rebelión
hacia mí misma.
Me destruyo en calma
hacia la libertad.
Atmósferas
que braman ladri(d)(ll)os
hacia un precipicio
sin fin.
En caída libre,
el aroma es veneno insignificante.
Lanzo piedras
contra el muro
de la incontinencia
que desprende
vacío
en la memoria.

Abro a espiña dorsal
do soño.
(De)constrúome
en rebelión
cara min mesma.
Destrúome en calma
cara a liberdade.
Atmósferas
que berran ladri(d)(ll)os
cara un precipicio
sen fin.
En caída libre,
o aroma é veleno insignificante.
Lanzo pedras
contra o muro
da incontinencia
que desprende
baleiro
na memoria.

Asalto x

Clinch

Y le cuento a mis venas
cómo la cascada bebe de las montañas.
Me lanzo hacia el corte tórrido
de tus manos violáceas.
Porque en la profundidad de la raíz mustia
hay un bosque, una orquídea,
una arboleda, una luz,
el mordisco de una salamandra
zumbando
en la mudez de tu garganta.
Cierro los ojos, con languidez...
Y tú murmuras versos
en mis oídos ardorosos
hundiéndome
en un pozo de miserias.
Bebo insaciable
de tu alcohólica desnudez.

Asalto x

Clinch

E cóntolle ás miñas veas
como a fervenza bebe das montañas.
Lánzome cara a cortadura tórrida
das túas mans violáceas.
Porque na profundidade da raíz murcha
hai un bosque, unha orquídea,
un arboredo, unha luz,
a dentada dunha salamántiga
zumbando
na mudez da túa gorxa.
Pecho os ollos, con languidez...
E ti murmuras versos
nos meus ouvidos ardorosos
afundíndome
nun pozo de miserias.
Bebo insaciábel
da túa alcohólica nudez.

Asalto xi

La lona

El cisne es un enfermo [...]
Tiene el pecho cruzado por un loco puñal
ALFONSINA STORNI

Arriba el telón.
Abro los ojos.
La incontinencia del baile
en el vientre del cisne desplumado.
Pies que sangran ritmo visceral.
Oscilo en la multiplicidad de la luz.
Cierro los ojos.
Me levanto Odette, Leda, Nina,
ave blanca ascendiendo
por la escalera de la perfección.
Entro por la cerradura férrea
en el vuelo de la libertad.
Puertas estridentes atraviesan
mi iris cósmico.
Cósmica en la desidia de mí
hacia la alcoba del desorden.
Bailarina mutante, bailarina
en la met(amor)fosis de la vida.

ASALTO XI

A LONA

El cisne es un enfermo [...]
Tiene el pecho cruzado por un loco puñal

ALFONSINA STORNI

Arriba o telón.
Abro os ollos.
A incontinencia do baile
no ventre do cisne desplumado.
Pés que sangran ritmo visceral.
Oscilo na multiplicidade da luz.
Pecho os ollos.
Érgome Odette, Leda, Nina,
ave branca ascendendo
pola escada da perfección.
Entro pola pechadura férrea
no voo da liberdade.
Portas estridentes atravesan
o meu iris cósmico.
Cósmica na desidia de min
cara a alcoba da desorde.
Bailarina mutante, bailarina
na met(amor)fose da vida.

Viajo hacia el interior
de venas-cañón.
Disparo chispas en la rebeldía
de la música efímera.
Navego precipicio y musa
en un violonchelo-frenesí.
Soy ola salvaje,
alga amordazando
mis nalgas pantera.
Abro los ojos.
El cuerpo camina
hacia una audiencia extasiada,
hacia Sigfrido en un maleficio oscuro.
Padam, padam, padam, padam...
Corazón bombeando lunas
que susurran en mí nanas vírgenes.
Me vuelvo pétalo vidente.
El vals turbio en mi latido.
Cierro los ojos.
La cuarta pared habla
en la tormenta de la inspiración.
Y voy palpando suicidios
en la melancolía acuática.
La locura en el salto de la impotencia.
Chaikovski rajando cristales
en el lago Bolshói.

Viaxo cara ao interior
de veas-cañón.
Disparo faíscas na rebeldía
da música efémera.
Navego precipicio e musa
nun violonchelo-frenesí.
Son onda salvaxe,
argazo amordazando
as miñas nalgas pantera.
Abro os ollos.
O corpo camiña
cara unha audiencia extasiada,
cara Sigfrido nun maleficio escuro.
Padam, padam, padam, padam...
Corazón bombeando lúas
que cantaruxan en min arrolos.
Vólvome pétalo vidente.
O vals turbio no meu latexo.
Pecho os ollos.
A cuarta parede fala
na treboada da inspiración.
E vou apalpando suicidios
na morriña acuática.
A loucura no salto da impotencia.
Chaikovski rachando cristais
no lago Bolshói.

El desequilibrio en el arenal de la muerte.
La curvatura.
El caos.
El movimiento.
El abismo.
La danza perturbadora.
Abajo el telón.

O desequilibrio no areal da morte.
A curvatura.
O caos.
O movemento.
O abismo.
A danza perturbadora.
Abaixo o telón.

Asalto XII

Crochet

Atravieso la puerta...
Indemne...
Mis pies desnudos a través
del espejo que me asedia.
Golpeo mi reflejo
con la fuerza de un boxeador,
amnesia de dolores aquietados
por mi respiración.
El pensamiento suelta
las venas azules del desconsuelo.
Hay un suicidio en la derrota de días incautos
que hacen eco en la rebelión de mis oídos.
Grito en el infierno,
grito en el cielo que voy cosiendo
como modista de instantes
que se esconden.
Ahora invadiría tus ojos
con mis rayos eléctricos.
Ahora tocaría tu boca
con el estruendo de mi lengua roja.
Con el paso de un gigante,
salto el peldaño
hacia esta pesadilla intermitente.
Arterias atletas.
Sangre adulterada.
Fuente inagotable.
Te atravieso.

ASALTO XII

CROCHET

Cruzo a porta...
Indemne.
Os meus pés espidos a través
do espello que me asedia.
Golpeo o meu reflectir
coa forza dun boxeador,
amnesia de dores quedas
pola miña respiración.
O pensamento libera
as veas azuis do desconsolo.
Hai un suicidio na derrota de días incautos
que fan eco na rebelión dos meus oídos.
Bramo no inferno,
grito no ceo que vou cosendo
como modista de instantes
que se agochan.
Agora invadiría os teus ollos
cos meus raios eléctricos.
Agora tocaría a túa boca
co estrondo da miña lingua vermella.
Co paso dun xigante,
salto a escada
cara este pesadelo intermitente.
Arterias atletas.
Sangue adulterada.
Fonte inesgotábel.
Perfórote.

Asalto XIII

El contragolpe

Las flores crecen a partir de los momentos más oscuros.

Corita Kent

Es como si, en el fondo del pozo
una estrella batiese
el destello inimaginable,
un resplandor
entre tinieblas austeras,
el sendero abrupto por el que
alcanzo la flor en el desdén.
Doy un salto enérgico
y fluctúo en la niebla espesa
de un cometa en ebullición.
En met(amor)fosis
desaparezco etílica.
Es como si, en el fondo
del agujero negro,
surgiese la gota
de la alegría añorada,
el rayo en el triángulo equilátero,
el instante efímero,
la luz en el pecho roto.

Asalto XIII

O contragolpe

Las flores crecen a partir de los momentos más oscuros.

CORITA KENT

É coma se, no fondo do pozo
unha estrela batese
no escintileo inimaxinábel,
un resplandor
entre nébedas austeras,
o carreiro abrupto polo que
alcanzo a flor no desdén.
Dou un chimpo enérxico
e flutúo na brétema espesa
dun papaventos en ebulición.
En met(amor)fose
desaparezo etílica.
É coma se, no fondo
do buraco negro,
xurdise a pinga
da alegría estrañada,
o relampo no triángulo equilátero,
o retrinco efémero,
a luz no peito crebado.

Es como si,
no es si,
ni es como,
ni es,
la oscuridad,
el pálpito diáfano,
la vigencia en la amargura,
la mirada visionaria,
la misantropía del ruido,
el silencio,
como si el silencio
deletrease pulsaciones
a ras del vuelo y del destino.
Es como si el cromosoma de la felicidad
triunfase sobre la melancolía constante
y la lágrima discontinua del dolor.
Es como si nuestra rabia
transformada en dignidad
guerrease invencible.

É coma se,
non é si,
nin é coma,
nin é,
a escuridade,
a pulsación diáfana,
a vixencia na amargura,
a ollada visionaria,
a misantropía do ruído,
o silencio,
coma se o silencio
deletrease no pulso
a nivel do voo e do destino.
É coma se o cromosoma da felicidade
vencese á morriña constante
e á bágoa discontinua da dor.
É coma se a nosa furia
transformada en orgullo
batallase inesgotábel.

Asalto XIV

Animal de tiro

Rompe ese ruido
que distorsiona por dentro.
Acéchalo.
Agárralo.
Aplana esa furia yerma.
La calma seduce
mis neuronas impasibles.
Inquieta
ante la desidia de sí,
en la impertinencia del desorden.
Aúllo como un lobo exasperado,
y el peso se burla de mí,
mientras el dolor
agota consonantes-tabú.
Sujeto el tren
a la velocidad del microsegundo
y entro en el túnel
como un vagón descarrilado
en vías de extinción.
Pero me devuelvo a la vida
respirando bofetadas ausentes,
vasallos incorpóreos
pariendo incontinencia seca.

Asalto XIV

Animal de tiro

Racha ese ruído
que distorsiona por dentro.
Axéxao.
Espréitao.
Aplana esa furia baldía.
A calma seduce
as miñas neuronas,
inqueda
ante a desidia de si
na impertinencia da desorde.
Ouleo coma un lobo exasperado
e o peso mófase vidente,
mentres a dor
esgota consonantes-tabú.
Agarro o tren
á velocidade do microsegundo
e entro nun túnel
coma un vagón descarrilado
en vías de extinción.
Mais devólvome á vida
respirando labazadas ausentes,
vasalos invisíbeis
parindo incontinencia seca.

El paisaje se cristaliza en la brecha
de la violencia dispar.
Los árboles disparan
balas circulares
hacia mi corazón negro.
Revienta por dentro.
Agrieta.
Seduce.
Gruñe.
El aullido que envenena.
El aullido frenesí.
La desintegración.

A paisaxe cristalízase na fenda
da violencia dispar.
As árbores disparan
balas circulares
cara o meu corazón negro.
Rebenta por dentro.
Racha.
Seduce.
Esnafra.
O ouveo que envelena.
O ouveo frenesí.
A desintregación.

Asalto xv

Funambulista

No es cobarde mi alma.

Emily Brontë

Surjo
con la fuerza germinal
que ahuyenta a los murciélagos,
atómica que vaga su destino
enmudeciendo la piel
agria del ocaso.
Visceral
entre balsas efímeras
saciando medusas
en la sombra.
Surjo...
tempestad de gorrión
en el equilibrio tambaleante
de lenguas
que se expanden.
Llama liberada.
Hojarasca bravía.
Me queda por vivir lo indestructible.

Asalto xv

Funámbula

Non é covarde a miña alma.

Emily Brontë

Xurdo
coa forza xerme
que escorrenta aos morcegos,
atómica que vaga o seu destino
enmudecendo a pel
acre do ocaso.
Visceral
entre balsas fugaces
saciando medusas
na sombra.
Xurdo...
treboada de pardal
no equilibrio vibrátil
de linguas
que se expanden.
Chama liberada.
Follaxe bravía.
Queda por vivir o indestrutíbel.

Asalto XVI

Ajedrez
(*Ringside*)

Tú, toda la estirpe de la dama *soledad*
madurando sin proeza opaca.
Tus labios son como rocas
bombeando lenguas de gruesa matriz,
tesoro mojado entre charcos y hierbas
con aroma a ruda tempestad.
Vanka Vania arando campos
en el porvenir ingrato de Chéjov.
Porque tú posees la veracidad
de sentir la picadura de la abeja reina
sin máscaras ni ataduras baratas,
que ni Marte-alfil podría
con el peso de tu piel
con vistas a la arteria consumida
de la nostalgia incrédula.
Mandas cartas sin remite
al anonimato de peones en las filas
de la partida contigo misma,
como Gioconda habitando
a la libérrima mujer,
ajedrez beligerante con los pies desnudos
y sangrientos de Saturna-madre.

ASALTO XVI

XADREZ
(*RINGSIDE*)

Ti, toda a estirpe da dama *soedade*
madurando sen proeza opaca.
Os teus labios son como rochas
bombeando linguas de grosa matriz,
tesouro mollado entre charcos e herbas
con aroma a ruda tempestade.
Vanka Vania arando campos
no porvir ingrato de Chéjov.
Porque ti posúes a veracidade
de sentir a picadura da abella raíña
sen carautas nin ataduras baratas,
que nin Marte-alfil podería
co peso da túa pel
con vistas á arteria consumida
da nostalxia incrédula.
Mandas cartas sen remite
ao anonimato de peóns nas filas
da partida contigo mesma,
como Gioconda habitando
á libérrima muller,
xadrez belixerante cos pés espidos
e sanguiñentos de Saturna-nai.

Nunca olvidas recoger los pájaros
muertos mientras pías,
con las plumas de la pena alzando
el concierto ingrato del dolor...
mientras Baudelaire murmura lentitud
con el ruiseñor del desencanto.
Paseas entre torres de cristal,
golpeando furia con tus uñas rotas,
con el desasosiego de Pessoa
entre tableros de demolición y salvación.
Entras sigilosa en la batuta de Clara Schumann,
como cuerda incandescente
en la inmensidad de la cuadrícula azul,
tinta escarlata en la que no te ahogarás.
Tus raíces no necesitan de un Kasparov
para sobrevivir infortunios.
La destrucción convertida en construcción
en el destierro hindú.
Cien centímetros cuadrados. Ocho direcciones.
Y sigues moviendo alfiles en la batalla,
como Sylvia Plath clavada en tu árbol
de alquitrán devorando imperios:
hierba romántica arañando
la úlcera de estómagos visionarios.

Nunca esqueces recoller os paxaros
mortos mentres pían,
coa plumaxe da pena alzando
o concerto ingrato da dor...
Mentres Baudelaire murmura lentitude
co rousinol do desencanto.
Paseas entre torres de cristal,
golpeando furia coas túas unllas rotas,
co desasosego de Pessoa
entre tableiros de demolición e salvación.
Entras sixilosa na batura de Clara Schumann,
como corda incandescente
na inmensidade da cuadrícula azul,
tinta escarlata na que non afogarás.
As túas raíces non precisan dun Kasparov
para sobreviviren infortunios.
A destrución convertida en construción
no desterro hindú.
Cen centímetros cadrados. Oito direccións.
E segues a mover alfís na batalla,
como Sylvia Plath cravada na túa árbore
de alquitrán devorando imperios:
herba romántica rabuñando
a úlcera de estómagos visionarios.

Muñeca sobre almohada
que quiebra conciencias
en su pozo de dueña con derecho
a réplica y consumo,
conjuro con aliento y fusil,
lamentos hirientes que emiten gemidos
en moteles de belleza tóxica.
Danzas nauseabunda con la guadaña
entre víboras y hierro,
engranaje preparado
ante la nada alucinógena.
Golpeas los puños
contra bombas inertes,
y así galopas sobre estatuas,
firme sobre ciudades insomnes:
esculpiendo versos negros
en el latido gélido de la vida...
Jaque mate a la muerte.

Boneca sobre almofada
que creba conciencias
no seu pozo de dona con dereito
a réplica e consumo,
conxuro con alento e fusil,
lamentos ferintes que braman
en moteis de beleza tóxica.
Danzas nauseabunda coa gadaña
entre víbora e ferro,
engrenaxe preparada
ante a nada alucinóxena.
Bates cos puños
contra bombas inertes,
e así galloupas sobres estatuas,
firme sobre cidades insomnes:
esculpindo versos negros
no latexo xélido da vida...
Xaque mate á morte.

Asalto XVII

Punto de fuga

Combato entre nieblas y sombras.
Pinto arcos de luz
con los guantes
de mi respiración (in)corrupta.
Tecleo vocales
en un abecedario de sudor,
en la discordia
de (des)pensamientos
que (des)peinan la silueta
de noches indigentes.
Soy mendigo y mansedumbre,
pero surjo
con la fuerza súbita
de un huracán
en el *ring*.
Buceo en la tempestad
y esbozo cuevas negras
con mis puños bicéfalos,
con cascos y escudos
batallando pelajes imposibles.
Boxeo, buceo,
sudo, desaparezco...
El arte de vencer.

Asalto XVII

Punto de fuga

Combato entre brumas e sombras.
Pinto arcos de luz
coas luvas
da miña respiración (in)corrupta.
Tecleo vogais
nun abecedario de sudor,
na discordia
de (des)pensamentos
que (des)peitean a silueta
de noites indixentes.
Son mendigo e mansedume,
mais xurdo
coa forza súbita
dun furacán
no *ring*.
Mergúllome no trebón
e bosquexo covas negras
cos meus puños bicéfalos,
con cascos e escudos
batallando pelames imposíbeis.
Boxeo, nado,
sudo, desaparezo...
A arte de vencer.

BREAKING THE DRAW
(DESEMPATE)

23:50. Cutman.
Descansa con placidez el eco de mi respirar
entre toallas blancas y vendas milagrosas.
Miro hacia la pared sigilosa de mi cuarto,
desnuda en la corola de incertezas.
Mi pensamiento sigue filosofías fulgurantes.
María Zambrano lanza la piedra del infortunio.
¿Y el gemido?
El gemido es la flecha disparada
que se eleva vertical
y me alcanza en pleno vuelo.
¿Qué libera el alarido? ¿Quién es *coach*? ¿Quién es el buitre?
¿Por qué la flecha? ¿Qué es lo que nos lleva a la neurosis
del enfrentamiento continuo y de la guerra
ardiente en este infierno voluntario?
¿Por qué insistimos en escuchar nuestro miedo
con plumas envenenadas y baldías?
¿Somos nosotros mismos flecha y buitre?
¿Jaula y pájaro? ¿Exterminador y ángel?

BREAKING THE DRAW
(DESEMPATE)

23:50. Cutman.
Descansa con placidez o eco do meu respirar
entre toallas brancas e vendas milagrosas.
Miro cara a parede sixilosa do meu cuarto,
espida na corola de incertezas.
O meu pensamento segue filosofías fulgurantes.
María Zambrano lanza a pedra do infortunio.
E o xemido?
O xemido é a frecha disparada
que se eleva vertical
e me achega en pleno voo.
Que libera o alarido? Quen é *coach*? Quen é o voitre?
Por que a frecha? Que é o que leva á neurose
do enfrentamento continuo e da guerra
ardente neste inferno voluntario?
Por que insistimos en escoitar o noso medo
coa plumaxe envelenada e baldía?
Somos nós mesmos dardo e ave carroñenta?
Xaula e paxaro? Exterminador e anxo?

23:52. El eco y el ahogamiento.
Grito cada vez que la injusticia golpea mis venas
con el martillo de la muerte falaz.
Disparo alfiles en defensa
cuando la represión atrapa mi laringe
danzando en la noche.
Desciendo vertical hacia los buitres
de la vergüenza y la mentira idolatradas.
Respondo con movimientos de denuncia...
Plenitud consagrada entre ríos
de sangre y agua de metralla,
entre el vuelo del ruiseñor blanco
y la intermitencia de la luz.

23:52. O eco e o afogo.
Grito cando a inxustiza golpea as miñas veas
co martelo da morte falaz.
Disparo alfís en defensa
cando a represión captura a miña larinxe
danzando na noite.
Descendo vertical cara os voitres
da vergoña e a mentira idolatradas.
Respondo con movementos de denuncia...
Plenitude consagrada entre ríos
de sangue e auga de metralla,
entre o voo do rousinol branco
e a intermitencia da luz.

23:54. Delirio boca abajo.
Pero yo soy ella.
La buitre con esencia.
Vividora de la vida que un día me llevaron.
Fue cuando el bramido de la dictadura
bombardeó mis pies.
Y lanzaron el guante hacia el sol
sin mis ropas azabache.
Quería volar,
pero no me dejaron elevar
el pico rojizo de la incontinencia.
La roca que me hunde en el Tártaro veloz.
El *adagio* se convirtió en distorsión y ruido
para mi alma púgil y montuna.
Se acercó vertical como un látigo
fulminado por el rayo en el mentón.

23:54 Delirio boca abaixo.
Pero eu son ela.
A voitre con esencia.
Vividora da vida que un día me levaron.
Foi cando o bramido da ditadura
bombardeou os meus pés.
E lanzaron a luva cara o sol
sen a miñas roupas acibeche.
Quería voar,
mais non me deixaron elevar
o pico vermello da incontinencia.
A rocha na que afundo no Tártaro veloz.
O *adagio* volveuse distorsión e ruído
para a miña alma púxil e montuna.
Achegouse vertical como un látego
fulminado polo raio no queixo.

23:56. Desdoblamiento.
Deseo ser reina y gobernadora.
Diosa y republicana.
Heroína, cabeza y cuerpo.
Que el demonio sea en imagen
el todopoderoso omnipresente.
Que la víctima se identifique
con el culpable del delito,
de la alabanza perspicaz
que a menudo esconde
la bala intempestiva.
El pecado fétido liberando monstruos,
dardos y voladuras, disparos y trancazos,
vida y muerte, hipocresía y honestidad.
Lo humano e inhumano.
Lo sobrenatural. La conciencia. La insensatez.
El hedor. La libertad fingida.
La cárcel que somos nosotros
y el temblor desplumado.

23:56. Desdobramento.
Desexo ser raíña e gobernadora.
Deusa e republicana.
Heroína, cabeza e corpo.
Que o demo sexa en imaxe
o todopoderoso omnipresente.
Que a vítima se identifique
co culpable do delito,
da loubanza perspicaz
que a miúdo agocha
a bala intempestiva.
O pecado fétido liberando monstros,
dardos e estoupidos, disparos e trancallos,
vida e morte, hipocresía e honestidade,
o humano e inhumano.
A soberanía. A conciencia. A insensatez.
O fedor. A liberdade finxida.
O cárcere que somos nós
e o tremor desplumado.

23:58. Nocaut.
Sola. Silencio. Todo alrededor. Nada.
Intemperie. Me encuentro con la inmensidad
de sonidos lejanos.
Me rehago en mí a través de vosotros.

23:58. Nocaut.
Soa. Silencio. Todo ao redor. Nada.
Intemperie. Atópome coa inmensidade
de sonidos lonxanos.
Refágome en min a través de vós.

24:00. Intuyo
levantándome
que el buitre
enmudeció...
(Gong).

24:00. Presinto
erguéndome
que o voitre
enmudeceu...
(Gong).

JUEZA:
(Inmunizada en el silencio
de mí misma,
hacia la fortaleza
de lo que los golpes
dejaron atrás).
*

XUÍZA

(Inmunizada no silencio
de min mesma,
cara a fortaleza
do que os golpes
deixaron atrás).

El número diecisiete (XVII) es uno de los números maestros que se asocia con la autodisciplina, la sabiduría, la empatía, la determinación y la inmortalidad. Paradójicamente en algunas culturas se relaciona con la tragedia, la locura y la desgracia.

Son diecisiete asaltos y un desempate los que llevan al ego boxeador al triunfo del (auto)conocimiento a través de la poesía y a enfrentarse a la sangría de la soledad en el cuadrilátero doloroso de la vida.

O número dezasete (XVII) é un dos números mestres que se asocia coa autodisciplina, a sabiduría, a empatía, a determinación e a inmortalidade. Paradóxicamente nalgunhas culturas relaciónase coa tragedia, a loucura e a desgraza.

Son dezasete asaltos e un desempate os que levan ao ego boxeador ao triunfo do (auto)coñecemento a través da poesía e a enfrontarse á sangría da soedade no cuadrilátero doente da vida.

BIOGRAFÍA

Nacida en Ourense y residente en A Coruña, Yolanda López es funcionaria de carrera en la Administración de Justicia (gestora judicial). Licenciada en Filología inglesa, DEA en literatura norteamericana sureña, técnica superior en turismo, traductora y artista por la Escuela de Artes y Oficios de Ourense, el Centro Dotacional de Arganzuela de Madrid y la Academia Crearte de A Coruña, se dedicó a la docencia a nivel medio y universitario en centros internacionales en ciudades como Swansea (Gales, Reino Unido).

Realizó la tesina y el doctorado sobre la identidad individual y colectiva en la obra de la escritora Eudora Welty. Fue investigadora en diversas universidades estatales (Santiago de Compostela, A Coruña, Castilla-La Mancha), en la Universidad de Virginia y en el Departamento de Archivos Históricos de Mississippi (Estados Unidos), en la Universidad de Birmingham (Reino Unido), así como en el Centro Ramón Piñeiro de Galicia colaborando con diferentes ponencias y artículos de ensayo.

Ha publicado poemas, relatos y artículos de opinión en numerosos libros colectivos, revistas y en periódicos como *La Voz de Galicia, La Región* de Ourense y *Galicia Hoxe* de Santiago. Formó parte de los recitales de Poesía Joven de la Comunidad de Madrid y de los grupos literarios Bilbao (Poetas galegos residentes en Madrid) y Poekas de Vallecas. Actualmente participa en las tertulias literarias Poetas Diversos y Poetas Nómadas en A Coruña.

Ha colaborado en recitales benéficos, en homenajes a intelectuales y en espectáculos de videopoesía, pintura, fotografía, música y danza. Ha impartido cursos literarios y ha sido jurado de certámenes.

Es autora de diez libros individuales y dos plaquettes. *Verdugos impolutos* (Xunta de Galicia, Concello de Rábade, 2005), *Obertura sen heroe* (Follas Novas, Libros da Frouma, 2006), *Grietas* (Visión Libros, 2012) , *Temblor fiero* (Lastura, 2013), *Moralla* (Follas Novas, Libros do Loureiro, 2013), *Tántalo* (Xunta de Galicia, Concello de Negreira, 2014), *Con el tambor del viento* (Huerga & Fierro, 2015), *Paisajes subterráneos. Paisaxes soterradas* (Carmina in mínima re, Digital Work, 2015), *A secuestradora de océanos* (Urutau editora, 2019), *Madrid habita en mi memoria* (La palabra inquieta, Nuevos Ekkos, 2020), *Pecado mortal. El dardo contra la piedra (O dardo contra a pedra)* (La palabra inquieta, Nuevos Ekkos, 2024), *Ágora de fuego* (Cuadernos de la Cazuela nº 8, Alyada, Almagro, Ciudad Real, 2025).

Ha recibido numerosos premios y reconocimientos nacionales e internacionales:

Primer premio de poesía por el Ayuntamiento de Ourense para estudiantes de la 2º etapa de E.G.B dedicado a Luis Pimentel por las Letras Gallegas 1990.

Primer premio de poesía Suso Vaamonde, O Grelo, Fundación Amigos de Galicia 2004.

Primer premio de poesía Aurelio Aguirre por el Ayuntamiento de Santiago de Compostela 2005

Primer premio de poesía Antón Tovar de Rairiz de Veiga (Ourense) 2006.

Segundo premio de poesía Rosalía de Castro de Cornellà 2006.

Mención de honor del Premio de poesía Manuel-Oreste Rodríguez López de Paradela 2011.

Segundo premio de poesía de la Fundación CEPAIM para la solidaridad de Madrid 2011.

Segundo premio de poesía Xosé Neira Vilas de la Universidad de Santiago de Compostela 2012.

Segundo premio de poesía Rosalía de Castro de Cornellá 2012.

Primer premio de poesía Manuel María de la Casa de Galicia de Guipúzcoa 2013.

Finalista del III premio de poesía Picapedreros de la revista La Oca Loca 2013.

Primer premio de poesía del II Certame de poesía Manuel López Ardeiro de Negreira 2014.

Mención Honorífica Categoría 'Poeta de los sueños' en el II Concurso Internacional J.BERNAVIL de Venezuela 2021.

Accésit en el Certamen de Poesía Hernán Esquío de la SAF (Sociedad Artística Ferrolana) 2021.

Finalista del IX Premio Internacional de Poesía Jovellanos El Mejor Poema del Mundo 2022.

Finalista del IV Certamen Internacional de Poesía Aliar de Granada 2022.

Finalista del III Certamen de relato y poesía Encinas Reales de Córdoba 2022.

Finalista del 22º Certamen Internacional de Poesía de la Editorial Mis Escritos de Argentina 2023.

Finalista del X Premio Internacional de Poesía Jovellanos El Mejor Poema del Mundo 2023.

Finalista del XII Certamen Nacional de Poesía ASEAPO 2023.

Segundo premio del VI Certamen de Dibujo y Poesía Avelino Díaz de Riotorto y Meira (Lugo) 2023.

Mención de Honor del I Certamen Internacional de Poesía Natalio Valbuena Parra de México 2023.

Tercer premio del XXII de poesía "La mujer" de la Asociación de Mujeres Luna de Frías (Burgos) 2014

Mención de honor del XXIX Certamen literario de poesía Manuel Orestes Rodríguez López de Paradela (Lugo) 2024.

Finalista del 23º Certamen Internacional de Poesía de la editorial Mis escritos de Argentina 2024.

Segundo premio del XIII Certamen de poesía Manuel Leiras Pulpeiro de Mondoñedo (Lugo) 2024

Finalista del Concurso literario Lecturas en movimiento: conectando comunidades rurales, convocado por la asociación A.D.E.C. de Pontevedra 2025.

Primer premio del II Certamen de poesía Cazuela de María de Almagro (Ciudad Real) 2025.

Segundo premio del VIII Certamen de Dibujo y Poesía Avelino Díaz de Riotorto y Meira (Lugo) 2025.

Tercer premio del 44 ° Certamen Internacional de Poesía Plaza de los Poetas José Pedroni de Acebal, Santa Fe, Argentina.

ÍNDICE